Reason before Identity

アイデンティティに先行する理性

アマルティア・セン
Amartya Sen

細見和志［訳］

関西学院大学出版会

アイデンティティに先行する理性

アマルティア・セン

Reason before Identity
The Romanes Lecture for 1998
by Amartya Sen

This translation of *Reason Before Identity*
originally published in English in 1999
is published by arrangement with
Oxford University Press.

『アイデンティティに先行する理性』のオリジナル英語版は、
1999 年に Oxford University Press より刊行された。

もくじ

アイデンティティに先行する理性――1

アイデンティティに先行する理性

最近、短い外国旅行から戻った時のことだ。ヒースロー空港の入国管理官は、私のインドのパスポートを調べて、いささか込み入った哲学的な質問をした。「ケンブリッジ大学、トリニティ・カレッジ、学寮長舎」とある私の住所を指して、「あなたは学寮長の友人か」と尋ねたのである（訳者注・学寮長とは、いうまでもなくセン自身の役職のことである）。私は答えに窮してしまった。というのも、私が私自身の友人であると正当に言えるには、「だれそれの友人であること」という2人の間の関係を表す言葉を、自分自身にも使っていいのかどうかを思案せざるをえなくなったからである。よくよく考えてから、その通り、友人である、いやそれどころか親友である、という結論に達した（というのも、私がばかなことを言っても、友人に私の如きものがいてくれれば、敵などいないも同然であることからして、この見解はなおさら確かである）。ここまで考えがまとまるのに、ちょっと時間がかかったので、入国管理官は、私がイギリスに滞在することになにか不都合でもあると思ったのか、私が口ごもっている理由を知りたそうな顔つきになった。

さて、手続き上の問題はなんとか解決したが、そこでのやり取りから、アイデンティティというものは何ともやっかいな問題になることがあるのだと、改めて思い知ったのである。もちろん、あるものがそれ自身と同一であることを納得するのには、大した問題はない。ウィトゲンシュタインも「役に立たない命題の実例としてこれほど見事なものはない」(1)とまで言ったくらいだ。だが、ものとそれ自身とのあいだには、同一であること以外にどんな関係が成り立つのか、さらに、ふたつの同じものどうしは、たがいにどのように関係しあうのか、ということになると、瑣末な問題とは言えなくなる。

「同一であること（being identical）」から「アイデンティティ（同一性）を分け持つこと（sharing an identity）」へ、さらに自分自身を特定の集団の他者と「同一化（identifying）」すること——これはアイデンティティという概念の一般的な用例のうちで一番よく知られたものだが——へと注意を移してみると、事態はさらに複雑になって行く。この講演で取り上げるのは、こうした社会的アイデンティティおよびその役割と影響という難しい問題である。

利己心、アイデンティティ、経済分析

Self-Interest, Identity, and Economic Analysis

まず、ごく初歩的な問題から始めよう。それは、社会科学における人間行動の記述・説明様式をめぐる次のような問題である。どんな目的を追求し、どんな選択をすべきかを決めるにあ

たって、ひとは自分を他の誰かと同一化（identify）したりするものだろうか。同一化とはそもそも自己自身との同一化に他ならないのだから、社会的アイデンティティという概念は、行動の規則性を説明する場合には役に立たないものなのであろうか。多くの経済理論は、それが役に立たないものだとしたうえで議論を進める傾向があったために、利己的な個人という仮説は、現代経済学の中心的な考え方となることが多かったのである。実際、この仮説は、多くの場合、人間の行動を説明するにも、市場経済の効果的働きを説明するにも、適切だと考えられてきた。

この有力な仮説の起源は、近代経済学の父、アダム・スミスその人まで遡る。例えば、ジョージ・スティグラーのような優れた経済学者もスミスを称えている。「利己心（self-interest）は大多数の人間を支配している」[2]ということは真実であり、しかもすばらしい結果をもたらすということを、スミスがわれわれに教えてくれたからだというわけだ。残念ながら、このテーゼは、人間行動の動機に関するスミス自身の考え方とはかなり違ったものである。というのも、共感（sympathy）、寛大さ（generosity）、公徳心（public-spiritedness）、協力関係などの価値の普及、そして、その重要な社会的役割について、スミスは幅広く論じているからである。スミスがよく誤解されるのは（スティグラーにも見られるが）、人間行動の動機に関するスミスの学説を、人々が利益の多い交換の方へと向かう理由を説明するには利己心だけで十分だ、という彼の特殊な主張から引き出そうとするからである。確かに、スミスもよく引用される個所で論じているが、肉屋や酒屋やパン屋が自分たちの作った物を売り「たい」のはなぜか、消費者はそれを買い「たい」のはなぜか、ということを説明するために、「善意（benevolence）」を持ち出す必要はない⑶。

しかし、交換だけが、唯一の社会活動ではないし、ましてや唯一の経済活動であるわけでもない。つまり分配も生産も重要だし、生産性に大きく影響する仕事への意欲や規律も重要である。さらに交換システムが効率的に作動するためにも、売買の欲求を駆り立てる基本的な動機づけ以上のもの、すなわち、市場経済の繁栄を支えている責任や信頼や社会規範が必要なのである。実際、市場経済の力が及ぶ範囲については いささか疑いを抱いている私としては、資本主義の栄光を擁護する人々の中に、着実な企業活動に見られる道徳的特質が資本主義を成功に導く重要な要因であったことを理解しようとしない人が大勢いることに、驚きを覚える。資本主義の成功は、限りなき貪欲がもたらした勝利であると同時に、道徳による成功でもあるのだ。スティグラーは、スミスのおかげで、純然たる利己心が広く認められるようになり、他には何も要らないことがはっきりしたのだとして、スミスの智恵を讃えているのだが、この賞賛は次の二つの点で間違っている。すなわち、一つめはそれがスミスの信念ではなかったという点、さらに二つめは、それは知恵などではないという点である。

しかしながら、純然たる利己的行動というものはないとはいうものの、行動がいつでも他者との同一化（identification with others）によって影響を受けているというわけではない。行動に対する社会的アイデンティティの影響は、狭い意味での利己心から離脱するひとつの道筋となることはできる。だが、行動に影響を及ぼすものとしては他にもあって、例えば、望ましい行動の規範（財政的公正や不正防止）の遵守などがそうである。こうした規範の背後に、どの程度他者に対する配慮やアイデンティティの観念があるといえるのか、という問題についてはは更なる検討を待たねばならない。さらにこの大きな問題はもうひとつ別の問題と関係している。すなわち、行動規範の進化論的選択が果たす役割である。そこでは社会的アイデンティティの認知が間接的に重要な役割を演じている可能性がある。いずれにしても、行動様式を熟慮して選ぶ場合にも、進化論的な選択の場合でも、アイデンティティの概念は重要だろうし、当然、この二つが混ざり合っている時にも、アイデンティティの概念の重要性は変わらないであろう。

こうした問題については、すでに別の所で論じたので、ここでは、これ以上立ち入らないでおきたい(4)。実は忘れられないことだが、一九七六年ここオックスフォードで、一度この問題について話したことがある。その時私はロンドン・スクール・オブ・エコノミックス（LSE）からやってきて、「合理的な愚か者」(5)と題して、ハーバート・スペンサー記念講座で講演したのである。あれは、この講座の統括者であったアイザヤ・バーリン氏の招待に応じたもので、講演原稿は大体において彼のことを念頭において書いたものである。バーリン氏の逝去後、オックスフォード大学で話すのはこれが始めてである。彼が示した指導、挑戦、感化が、多くの友人や彼を尊敬する人々にとっていかに大切なものであるかを、この機会にあらためて申し述べておく。

共同体、規範、合理的判断
Community, Norms, and Reasoning

利己心から離れれば、かならず何らかの形の社会的アイデンティティにたどり着くのかどうか、これはいまなお未解決の問題である。だが、社会的アイデンティティが人間の行動に対して重大な影響を及ぼしているという見解にはほぼ異論はないだろう。共同体意識や仲間意識はわれわれにとって大切なものだ、という信念にしても軽視できないものであって、こうした思いが社会的アイデンティティについてのわれわれの構想と密接に関係しているのである。人間生活を理解する上で共同体や社会的アイデンティティは様々な点で重要であり、それが行動に及ぼす影響はそのひとつにすぎない。われわれが倫理や規範、さらには知識や理解力を身に付けていく時に、われわれが同一化し、付き合いを持つ共同体や人々は、大きな影響力を持っている。この意味で、社会的アイデンティティは、まさに人間生活の中心にあると言えるだろう。

以上の基本的な論点の理解がえられたところで、社会的アイデンティティの領域と影響力についてはさらに問題がある。経済学者は一般に、社会的アイデンティティの役割について極度に疑り深いものなのだが、ある種の社会分析においては、社会的アイデンティティの正確な範囲やその強い（とされている）影響力に関して、どうも過小−懐疑主義（under-scepticism）（こんな新語が許されればの話だが）になるようだ。その問題というのは何より、われわれのアイデンティティがどのようにして発生するのか――選択によるのか、受動的な認知によるのか――さらにアイデンティティの発達に合理的判断はどの程度関与できるのか、ということに関わっている。この問題は、例えば、合理性（及びそれに伴う、伝達可能な合理的判断についての批判）や倫理学（普遍化可能な正義の諸理論を含む）についての共同体主義的構想をどう評価するか、といった問題を始めとした多くのコンテクストにおいて重要な意味を持っている。

実際、ここ二、三〇年の間に、様々な形の共同体主義（Communitarianism）が――過激なものから、穏健なものまで――今日の社会的、政治的、倫理的な理論構築の中で勢力を伸ばしてきている。そのため、社会的アイデンティティは、知識のみならず行動をも左右するものとして、強力に支持されるようになっている。事実、共同体主義的な見方の支持者は、地球温暖化の進展やオゾン層の破壊に匹敵するほどの勢いで増えてきている。社会的アイデンティティは、最先端の理論のあちらこちらで、人々の世界観、合理的判断の様式や合理性の理解、行動規範や慣習、個人の道徳意識や政治的立場などの主要な決定要因と見なされている。さらにある種の理論に見られるように、人々の認識と行動に関するこうした一連の理論が次のような見方と結びつけば、社会的アイデンティティは、認識論と倫理学の分野において主導的役割を果たすようになる。それは、合理性や知識や道徳性は本質的に主体の認識に依存しているという見方である。

もっと要求の強いものになると、この種の理論は驚くほど独断的になる。合理的行動の基準としては、帰属している共同体の中で成立している基準以外のどんなものも拠り所にすることはできない、とされる。合理性という言葉を口にしたとたん、「どの合理性?」、「だれの合理性?」などと言い返されてしまうのである。また、人が自分の道徳判断を説明する場合、その人が属している共同体の価値や規範を基礎として説明しなければならないとか、こうした判断を倫理的に意味のあるものとして主張できるのは、その共同体の価値や規範の「内部においてだけ」なのだ（人間の注意作用に働きかける対立した規範の訴えを否定）などという主張まである。こうした極端な主張には様々な形があるが、社会的アイデンティティが支配的な役割を演じている理論では、強く支持されてきている。

政治的には、このアプローチのおかげで、行動や制度について、異文化間での規範に関する判断ができなくなったり、時には異文化間の交流や相互理解の可能性を妨げることになるような結果を招いている。政治的な局面といっても、明白でわかりやすいものもあれば、反対に表面化せず間接的なのに、影響力を持つものもある。例えば、女性に不平等な社会的地位を与えるような、特殊な慣習や伝統を擁護する場合や、特殊な伝統的刑罰を行うような場合がそうである。こういう場合には、大きな世界を互いの規範の影響が及ばないような小さな島々に分割してしまう傾向が見られる。

正義と共同体主義からの批判

Justice and Communitarian Critiques

これまでの強硬だが、実は脆いところのある主張とは反対に、アイデンティティを基礎にしていても、ずっと穏健で控目な理論的な取り組みもある。ばらばらになった道徳的孤島の世界を求めるのではなく、単に、共同体や帰属集団の要求に対して充分な配慮がされていないとみなされた正義や合理性の理論を批判するために、こうした取り組みが使われることがある。たしかに、この種の批判は最近あちこちでよく見かけるし、大きな影響力を持ってきている。

私はここで、いわゆる「リベラルな正議論」に対する共同体主義からの批判を検討してみたいと思う。「リベラル」という言葉は、よく使われているけれども、次のような理論に対しては、いささか誤解を招きかねない言葉である。なによりも（強烈な平等主義志向を伴う）ジョン・ロールズの「公正としての正義」論(6)に代表されるような理論や、いろいろな形でロールズの思考に影響された理論、例えば、ロナルド・ドォーキン、トーマス・スキャンロン、ジヨゼフ・ラズ、ジョン・ローマーなどの理論(7)などがそうだ。他の記述・説明様式にも色々議論はあるのだが、私は特に、ロールズ自身の理論に対する共同体主義からの批判を取り上げようと思う。

「公正としての正義」というロールズの枠組では、ある人々の集団に対して公正であろうとすれば、必ず、全員の利益、関心、自由に等しく配慮するような社会組織の規則や指導原理が必要となる。このことを理解しようと思えば、「原初状態」というロールズの考えた理論装置が参考になり、有益である。仮説としての原初状態というのは、想像上での原初の平等状態のことで、そこで個人個人は、協同の行動を行う上での規則や指導原理について合意しているとみなされている。しかもその行動をするにあたって自分たちが正確には誰なのかは、まだ知らないのである(したがって、彼らは社会的規則を選択する際、各々の収入や富などのような、現在の地位に関わる既得権によって影響されないのである)。

ロールズは、原初状態から出発して、特定の正義原理の確定へ向けて分析を進める。この正義原理には、まず自由の優位(第一原理)が含まれている。これは全員に同じ自由を認めるという条件で、各人の最大限の自由を最優先する原理である。「第二原理」は機会配分における公正と効率などの他の問題を扱っており、その中には格差原理が含まれている。これは、各集団内の最下層にいる人々を優先させる配分規準のことである。

問題があるとすれば、ロールズが公正に関する一般原理から導出する特定の正義原理の信憑性に関してであろう。特に、原初状態という理論装置から必ずこうした正義の原理が出てくるのかどうか、これは問題になるところである。私自身、このことについて別のところで疑念を表明したことがある。この講演では、こうした特殊な問題には触れないでおこう(8)。むしろ、私は、原初状態や同様の理論的装置を含んだ合理的判断を通じて公正から正義を導出する全般的な手法に話の焦点を絞ろう。共同体主義の批判はまさにこの根本的な部分に向けられており、ここではこの問題に的を絞ることにする。

ある共同体主義の理論は全く別の道徳観を提示して、リベラルな正義を追求する倫理的主張に対抗している。こうした理論は正義への関心ではなく、規範や社会的習慣、例えば、同じ共同体の他のメンバーに対する配慮といった共同的価値に注目するのである。こうした価値の大切さは、いかにも共同体主義独特の理想論のみならず、スチュアート・ハンプシャーやバーナード・ウィリアムズなどのずっと体系的な倫理的分析からも得られる教訓である(9)。

だが、個人の行動に関する限り、ロールズの学説において、こうした価値の重要性が否定されているわけではない。人が他人のためになにかをするのは、正義の規則がそうしろと要求するからではなく、好意や愛情に動かされたからかもしれない。しかしそうだからといって、正義の規則が必要ではないということにはならない。というのは、社会的相互行為のなかで暮らす個々人の中には、好意や自発的な思いやりによってお互いにしっかりと結びついているわけではない人たちもいるからである。人間の社会には、正義以上のものが必要かもしれなが、まず正義が必要なのである。

また、これとは別の角度から行われた、さらに有力なロールズ批判がある。マイケル・サンデルによる説得力に富んだ批判がそれである。サンデルよると、ロールズの求めるような正義の規則を適用しようとしても、共同的連帯意識や社会的アイデンティティが予め確立されていないような場合には、実際には無理だろう、というのである(10)。チャールズ・テイラーは次のように述べている。

サンデルの指摘のおかげでわれわれは次のような問題に気づいた。それは、ロールズが勧めるような平等主義的分配は、強い共同体意識による強固な結束力を持たない社会で、果たして長続きするのかどうか、という問題である。さらに、正義を社会生活の主要な美徳とするというような共通理解に基づいて、こういった共同体を築き上げることはできるのかどうか、あるいは共同体生活の定義のなかには、他の善は含まれなくてもよいのかどうか、といった問題である(11)。

「共同体生活の定義」には正義以外のものが含まれなければならない、というテイラーの主張――これについてはすでに意見を述べたが、もっともな主張である――は間違いなく正しい。しかしロールズの正義論はそもそも、共同体の生活を定義するためのものではない。むしろ、たとえ愛情や忠誠心によって自動的に実現されないとしても、公正さが求める正義の諸原理に到達すること、これがロールズの正義論のねらいなのである。

正義の諸原理と愛情や協力の要請との関係に関するサンデルの見解について、三つの問題を指摘しておこう。これらは、それぞれ別々のものであるとはいえ、相互に関連性を持っている。第一に、もし仮に（サンデルが言うように）共同的連帯意識のないところでは、正義の原理が成立しえないということが判明するとすれば、連帯性の要請は正義の要求の「一部分」になってしまい、ロールズが唱える正義の必要性を切り崩す対抗原理ではなくなってしまうであろう。第二に、サンデルにしても、他の誰にしても、ロールズの提示する規則が、「強い共同体意識による強固な結束力を持たない社会では長続き」しえないということについて、経験に基づく十分な証拠を提示していないのである。これは、社会的に合意を得た行動などありえないとする、単に悲観的な主張にすぎないのであって、それが不可能であることの証明ではない。第三に、共同体意識が共同体内部で常に正義の心強い味方であるとしても、正義の方は共同体意識だけを頼りにすることはできない。というのは、社会的相互作用というものは、愛情や仲間意識の絆で堅く結ばれた者同士ばかりで成り立っているわけではないからである。だからこそ、ロールズの言う正義の原理（さらにロールズから着想を得た諸理論の原理）は、公共政策や社会の規則と行動の規範といったものの必要性にまで踏み込まなければならないのである。

正義というのは、共同的連帯意識によって結束していないような人々同士の関係を相手にしなければならない。例えば、ビル・クリントンとケネス・スターとの間の互いのやり取りは正義に関わる事柄である。たとえ、双方とも確固としたアメリカ人としてのアイデンティティを主張しているとしても、そこに親愛の情が働くことはまずないであろう。互いに敵対し競合しあう異なる経済・社会集団のあいだにも同じ事がいえる。これらの集団も、やはり共存し、共に生き抜いて行かねばならないのである。正義は大切なものであり、共同体的愛情の領域を遥かに越えたものでなければならない。

描写的役割とアイデンティティに関する選択

Delineating Roles and Choice over Identities

さてそれでは、いままでとは異なった、しかし関連のある問題に目を向けてみたい。それは社会的アイデンティティにおける選択と合理的判断の必要性に関する問題である。この必要性を検討するにあたって、社会的アイデンティティが重要な意味を持つ、ふたつのいささか異なった場合のことを考えてみるといいだろう。それは、社会的アイデンティティが持っている「描写的」役割と「認知的」機能である。後者——認知的機能——とは、共同体の成員が世界を認知し、現実を理解し、規範を受け入れ、何をなすべきかを話し合う時の、そのやり方に関わるものである。これは、重要な論点であるから、社会的アイデンティティのもうひとつの役割、すなわち描写的役割を考察してから、改めて取り上げることにする。

社会的アイデンティティが持っている描写的役割は、社会的善の観念を正しく定式化したり、社会的関心と適切な行為の範囲と限界を確定する場合にも、重要な要因となるものである。そもそも、社会的善の概念を定式化しようとすれば、「どの」集団の善なのかというような問いが必ず起こってくる。この問いが求めているのは、社会的選択の領域に関する境界設定である。社会的善をどのように判断するにしても、誰をそうした集団的活動に含めるべきか、という問題が起こってくる。この課題は、社会的同一化とは切っても切れない関係にある。これと逆のことも言えるのであって、チャールズ・テイラーが政治的アイデンティティの役割に関する明快な議論の中で述べているように、「共同事業としての共和国と市民との一体化は、本来、共通善の承認なのである」(12)。

もちろん、描写（delineation）といっても、そこには当然選択や合理的判断の余地が残されている。合理的な根拠もなく、特定の標準的集団アイデンティティを強調すれば、当人が所属する集団は他にもあるのに、なぜこの集団だけに注目するのか、という問題が生じるだろう。グループ分けの詳細な地図を作ろうとすると二つの問題が出てくる可能性がある。第一に、同じ地図上で境界線をもう一度引きなおしたりすることがあるのかどうか、という問題である。自分のことを単なるイタリア人やドイツ人ではなく、ヨーロッパ人と見なすべきなのか。あるいは、アイルランド人のカトリック教徒でもなく、アイルランド人のプロテスタントでもなく、アイルランド人と見なすべきなのか。これはここで取り上げる重要なテーマである。

第二に、人々をグループ分けする場合、様々な違った地図や方法がある。人は同時にいくつかのアイデンティティを持つことができる。例えば、ある人物は、イタリア人であり、女性であり、フェミニストであり、菜食主義者であり、小説家であり、財政的保守主義者であり、ジャズ・ファンであり、ロンドン市民である、という具合である。このように複数のアイデンティティを持てるということ、しかもこうした複数のアイデンティティが多様な文脈に依存しつつ互いに関連し合っているということは、明らかである。もし、この人物がクラシック・ジャズの世界的なプロモーション活動に関わっているとすれば、この人にとって、ジャズ愛好家としてのアイデンティティの方が、ロンドン市民としてのアイデンティティよりも相応しいかもしれない。しかし、この人が、ロンドンの都市交通の運営方法について批判的なことを言い始めると、今度はロンドン市民としてのアイデンティティの方が重大になってくるのかもしれない。トム・ストッパードの戯曲『Jumpers』の一場面を見ると、その人にとって関わりのあるアイデンティティは文脈によって決まってくるということがよくわかる。殺人事件を捜査しているボーンズ警部が、恐ろしく疑り深い態度で哲学の教授に向かって、ここに集まっている人々はいったい誰なのかと質問をする。この質問に教授はこう答える。「ほとんどが、論理実証主義者です」(13)。

複数の描写がある場合は、所定の文脈の中でも、どのアイデンティティが相応しいのかをめぐって、アイデンティティ同士が競合することがある。例えば、ロンドンの都市交通問題のことを考えているときには、自分が住む都市の交通事情を改善することに熱心なロンドン市民としての忠誠心が、公的支出を厳しく制限しようとする財政的保守主義者としての信念と葛藤を起こすかもしれない。ときおり、事態がもっと大きくなると、アイデンティティの葛藤の規模がさらに拡大することがある。例えば、ある特定の国、あるいは特定の文化のなかに生まれたからといって、その国や文化のなかで暮らす大半の人々とは全く違った考え方、あるいは忠誠心を持ってはいけないということにはならない。

発見か選択か

Discovery or Choice ?

共同体主義の手法は、決定的な共同的アイデンティティを選択の問題ではなく、自己実現の問題にしてしまうので、なかなか説得力に富んでいる。マイケル・サンデルは次のように、はっきりと主張している。「共同体は、その同じ共同体の市民として成員が持っているものだけではなく、さらには彼らが何者であるのかも表しているのだ。(自発的な結社のような)彼らが選択した相互関係ではなく、彼らが見出した帰属性を、アイデンティティの属性だけでなくその内実をも表しているのである」(14)。こういう解釈をすれば――サンデルは共同体の「構成的」構想と呼んでいるが――アイデンティティがまず先にあって、その後に選択に必要な合理的判断が来るということになる。すなわち、「自己は選択によってではなく反省によって、(自己)理解の対象に対する知る(ないしは探究する)主体として、自らの目標を手に入れるのである」(15)。このように見れば、人のアイデンティティというものは、その人が決定するものではなく、探し出すものだということになる。そうなると、クローリーが述べているように、社会組織というものを、「自分自身や世界について〈発見〉したことを表現し、他人にその価値を理解させるきっかけを創り出す」試みだ、と見なしてよいことになる(16)。

われわれは実際のところ、アイデンティティに関しては実質的な選択はできず、だからこそ自分のアイデンティティを発見しなければならないのだ、と言われてもそう考えることはやはり困難である。われわれはいつでもこうした選択をすることができるのだから、この可能性を無視するわけにはゆくまい。このような選択は正々堂々と行われることが多いのだが、その例として、モハンダス・ガンディーの場合がある。彼はよく考えた末に、英国風の法的正義を追求する敏腕弁護士としてのアイデンティティよりも、イギリス支配からの独立を求めるインド人としてのアイデンティティを優先させようと決断している。あるいは、E・M・フォスターの場合もそうだが、彼が下した結論は見事である。「もし私が祖国を裏切るか、親友を裏切るか、そのどちらかを選択しなければならないとすれば、祖国を裏切るだけの気概を持ちたいと思う」(17)。しかしながら、このような選択が、こっそりと、人目につかないように行われたり、まともに支持されないこともよくある。だが、そうだからといって、この選択が偽物だということにはならない。

ここで、誤解を招かないように、以上の主張をわかりやすく説明しておいた方がいいだろう。第一に、選択は大切ではあるが、だからといって、われわれの行う選択が、一度きりのもので、いつまでも変わらないものだ、というわけではない。実際、われわれの忠誠心や自己規定というものは、しばしば変動することがあり、これについては、アルベルト・ハーシュマンの「変動する参画行為（shifting involvements）」の分析がうまく説明してくれている[18]。エンマ・ロスチャイルドも述べているように、このような変動は、「市民社会が持つ持続的な長所」なのかもしれない[19]。選ぶという行為は、大体の場合、何度も繰り返して起こるプロセスなのである。

第二に、私は、われわれがどんな選択でも無制限に行える、などと言うつもりはない。自分を同一化するために選択できる対象には限度があるのであって、他人がわれわれに対して抱いているイメージとは違う何者かとして自分を見てもらいたくても、そこにはどうしても限界がある。ナチス・ドイツにおけるユダヤ人は、迫害や虐殺から逃れるために、非ユダヤ教徒として見られたいと思ったであろうし、リンチに飢えた群衆を前にしたアフリカ系アメリカ人は、別の特性を持ちたいと願ったことであろう。しかし、このような再定義は、現実にはほとんど不可能であろう。こういう状況に置かれた人々が、たとえその気になったとしても、自分で自分のことを非ユダヤ教徒や白人だとみなすことさえ実際には無理だろう。われわれのアイデンティティに関する現実的な選択肢は、いつでも外見、状況、経歴、歴史などによって制限されているのである。

だが、選択にはつねにある種の制約がつきものだということは、なにも目新しいことではないし、選択理論の専門家ならだれでも承知していることだが、自分が行っている選択の意味を理解するには、まず、選択不可能な制約をきちんと把握しておく必要がある。大事な点は、そもそも選択が存在するのかどうか、そしてどの程度まで選択は実質的なのか、という問題である。私がここで主張しているのは、選択はかなり実質的でありうるということだ。

では、第三の問題に移ろう。われわれはもちろんアイデンティティを「発見する」ことができるのであるが、それは今まで気付かなかった人とのつながりとか、家系というものを見出す、という意味においてである。ある人物が、自分はユダヤ人なのだ、ということを発見することがあるかもしれない。ラビンドラナート・タゴールの小説『ゴラ』には、ゴラとも呼ばれている問題を抱えた主人公が登場する。彼は、ヒンズー教の慣習や伝統を守るために戦う忠実な宗教的保守主義者である。だがあるとき、母とされている人から、彼のアイルランド人の本当の両親が暴徒によって殺された後、インド人の家族の養子になったのだと聞かされ、動揺する。われわれは、ヒンズーナショナリストのゴラが直面した事態ほど深刻ではないにしても、自分自身のことで新たに発見することは意外にも多いのではないだろうか。

人は、自分についてとても大切なことを発見することがある。しかしその場合でも、そのことと、アイデンティティを発見の問題とすることとは、話が違う。選択を迫られる問題はまだある。自分がユダヤ人であることを発見した人は、他の競合するアイデンティティ——国籍、階級、政治的信念など——と比較して、そのアイデンティティにはどのような重要性があるのかを、決定しなければならないのである。ゴラはヒンズー保守主義を守る戦いを続けるべきかどうか、それとも自分は、別の何者かであると考えるべきなのかどうか、問わなければならなかった。だから彼の場合の選択（すなわち自分をカーストや宗派に関係のないただのインド人と見なすこと）は、相当考えに考えた末の決定である。発見はたしかにある。だがその場合でも選択はしなければならないのである。

責任と群集行動
Responsibirity and Herd Behavior

以上の事例について選択の余地などないのだ、という信念、これははっきり言って間違っているばかりか大変悪い影響を及ぼすことがあるかもしれない。この悪影響は共同体主義の批判に止まらず、もっと言えばリベラルな正義論にも及んでいる。本当は選択の可能性があるのに、そんなものは無いのだと思い込んだとしよう。そうすると理性的判断は停止し、その代りに順応主義的行動を無批判に受け入れてしまうことになりかねない。概して、こうした順応主義の裏には、古い慣習や慣例を理性的吟味から守ろうという保守的な意味が隠されているものだ。たしかに、性差別的な社会における女性の不平等な扱いのような、伝統的な不平等が今でも生き延びていることがよくある。それは、卑屈な昔ながらの負け犬根性がしみついたようなアイデンティティのせいで、慎重に検討せず、何の疑問も抱かずに受け入れるようになってしまったからである。だが、何の疑問も抱かずにそう思い込んでしまうのは、単に疑問を持たないというだけのことで、疑問が持てないということではない。

過去の多くの慣習やにせもののアイデンティティは、疑問視されたり、細かく調べられた結果、崩れ去ってしまった。伝統は特別な国や文化の中でさえ、変わって行くものだ。思い出しておいていいと思うが、一八七四年に出版されたジョン・ステュアート・ミルの『女性服従論』は、多くのイギリスの読者にとって、ミルの変人ぶりを示す恰好の証拠であった。実を言うと、この主題はほとんど関心を引かなかったので、この本はミルの著作の中で、出版社が損をした唯一のものとなった[20]。

しかしながら、社会的アイデンティティを何の疑問も抱かずに受け入れるといっても、そこにいつでも保守的な意図があるとは限らない。時には、合理的判断に基づく選択としてではなく、いわゆる発見として受け取られることによって、過激なアイデンティティの〈変化〉を引き起こす可能性がある。一九四〇年代半ば、インドで私が十代になったころの嫌な記憶の中には、分離政策のあとの大規模なアイデンティティの変化に関係しているものがある。人々の、インド人としてのアイデンティティ、アジア人としてのあるいは人類としてのアイデンティティは、あっという間にヒンズー教徒、イスラム教徒、シーク教徒というセクト別のアイデンティティに取って代わられてしまったらしく、一月には広くインド人であった人が、急速に、ためらうことなく三月には細かくヒンズー教徒やイスラム教徒に変わってしまったのである。続いて起こった大虐殺は、無分別な群集行動と大いに関係があった。この行動によって、人々は、分裂的で好戦的な新たなアイデンティティを、いわば「見出す」ことになり、その結果その変貌の過程を批判的に検討することはなかった。同じ人々が、突然違ったものになったのである。

集団内部の連帯感やグループ内部の他人に対する温かい思いやりを強調するなど、魅力的な特徴を持っているのにもかかわらず、今日もなお、共同体主義的手法に対して、疑念を抱いている人がいるが、それには、ある歴史的な事情がある。実際、集団内部の連帯は、それはそのまま集団同志の争いにつながりかねない。似たような無分別なアイデンティティの変化は、世界の様々なところで起こってきたし、今も起こりつづけており、形は違っても、破壊的な結果に終わっている。かつてのユーゴスラビア、ルワンダ、コンゴ、インドネシアなどがそうだ。選択の自由が実際に存在するのに、その自由を否定するのは、人から気力を奪うことにつながる。というのは、選択の自由の否定は、われわれがどのように考え、自分を何と同一化すべきなのかをじっくり考えて判断するという責任を放棄することになるからである。これは、いわば理由もなく変化してゆく自己認識に振り回されているようなものであって、しかも始末の悪いことに、この自己認識は、自己のアイデンティティは見つけ出して受け入れるべきもので、検証したり吟味したりすべきものではないという誤った信念に基づいているのである。

最近また言われ始めたアイデンティティという形の〈新たな専制〉——アンソニー・アピア

はこう呼んでいるが——を防ぐためにも、以上の論点は重要である。というのは、こうしたアイデンティティというのは、政治的に重要な役割を持っているかもしれないが、われわれが問題なく認めたり、尊重したりしている他のアイデンティティの主張を排除して、独裁的な支配を行うこともできるからである。アピアは、このことを特に黒人——アフリカン・アメリカン——としてのアイデンティティとの関連で考えている。黒人であるというアイデンティティはなるほど根本的な正義を求める上で重要な政治的要因ではあったが、しかしそれが黒人の持つ唯一のアイデンティティであって、他のアイデンティティの主張は一切考慮されないのだとしたら、抑圧的になる可能性がある。アピアは次のように述べている。

このアイデンティティの帝国主義——人種的アイデンティティにおいてもはっきりと現れている帝国主義——を監視する場合、大切なことは次のことを心に刻んでおくことだ。われわれがたんに黒、白、黄、茶、あるいは同性愛者、単性愛者、両性愛者、またキリスト教徒、イスラム教徒、仏教徒、儒教徒のどれかひとつのものであるのではなく、われわれは、兄弟でも姉妹でもあり、親でも子供でもあり、リベラルでも保守派でも左派でもあること、教師や法律家や自動車を作る人や植木屋でもあること、パードレスやブルーインズのファンでもあること、アマチュアのグランジ・ロッカーでありワーグナーの愛好者でもあること、映画狂であること、MTV中毒患者でありミステリーの読者でもあること、サーファーであり歌手であること、詩人でありペット愛好者であること、学生であり教師であること、友人であり恋人であること。人種的アイデンティティは人種差別への抵抗の基盤になりうるから――われわれは大変進歩したけれども、まださらにもっと先へ行かねばならない――人種的アイデンティティによって新たな専制に陥らないようにしなければならない(21)。

アイデンティティにおける多元性、選択、合理的判断を否定することは、暴力や野蛮のみならず今も昔も変わらない抑圧を生み出す原因となる可能性がある。アイデンティティの輪郭を描写することは確かに必要だ。しかしこのことと、愛情や連帯感のみならず、多元性、相反する忠誠心、正義と慈悲の訴えなどを認めることとは、何ら矛盾しない。選択は個人的行為においても社会的決定においても、たとえわれわれが選択を忘れがちであっても、可能だし、重要なのである。

認知と文化

Perceptions and Culture

さて社会的アイデンティティの認知的機能に話を移そう。人が帰属している共同体や文化は、その成員が状況を理解したり決断を検討するときの仕方に大きな影響を及ぼすことがある、ということはほぼ疑いないであろう。どんな解釈の作業でも、地域固有の知識、合理的な規範、特定の共同体で共有されている特殊なものの見方や価値観といったものに注意を払わねばならない。こうした認識の必要性は、経験的に見ても十分明らかである。

では、こうした認識は、選択と合理的判断の役割を損なうことになるのであろうか。そうなると、アイデンティティは〈発見されるもの〉だとみなす方向へと議論は進んで行くのだろうか。「合理的判断の方法」がどのようなアイデンティティを持っているかということとは無関係である以上、われわれは一体どのようにして自らのアイデンティティについて合理的判断ができるというのか。議論は以上のように展開してゆくかもしれない。そうなれば、アイデンティティが確立されるまでは、現実には合理的判断ができないということになろう。

私は、この主張は間違いだと思っているが、慎重に検討した方がよいだろう。はっきりしているのは、どこでもない場所（nowhere）からは合理的判断をすることはできない、ということである。しかし、だからといって、人がこれまで築いてきた人や社会とのつながりは、どんなものでも断ち切ることも変えることもできないものだ、というわけではない。アイデンティティは発見されるものだという見方に代わるものは、（共同体主義の説明がしばしば示唆しているように思われるような）なんのアイデンティティも持たない「負荷なき（unencumbered）」位置からの選択ではなく、偶々、そこに居ることになった負荷のある位置のなかでの選択なのである。選択をするためには、どこでもない場所から任意の場所へ飛んで行く必要はないのである。

確かに、われわれの知識や、信念や、議論の良し悪しに関する個人的な好みは、合理的判断の仕方に影響を及ぼすことがある。この点については、議論の余地はない。だからといって、われわれが特定のアイデンティティを持ち、特別の文化的伝統の中以外では合理的判断ができないのだ、ということにはならない。

第一に、たとえある基本的な文化的態度や信念がわれわれの合理的判断の性質に「影響を及ぼす」ことがあるとしても、それを完全に「決定してしまう」ことはないだろう。合理的判断に与える影響は一様ではないので、われわれが特定の集団に属しており、そのことによって影響を受けてきたからといって、他の合理的判断の仕方を考える能力を放棄してしまう必要などないのである。影響を与えるということは、完全に決定することと同じではない。文化の及ぼす影響は確かにあるし、重要であるけれども、選択の余地はまだまだ残っているのである。

第二に、いわゆる「文化」というものの中には、われわれの合理的判断を形成するような、

「唯一の」まとまった態度や信念がはっきりとした形で含まれているとは限らない。実際、こうした「文化」の多くがその内部にかなりの多様性を持っているのであって、様々な態度や信念が、大雑把に括られた同じ文化の中に共存しているといってよい。例えば、インドの伝統は宗教と親密な関係にあると思われており、確かに、多くの点でそのとおりなのだが、それでもサンスクリット語とパーリ語で書かれたものの中には、他のどの古典語——ギリシャ語、ラテン語、ヘブライ語、アラビア語——よりも体系的な無神論と不可知論に関するものが多く含まれているのである。

成人で能力のある人物なら、いつでも自分が教わってきたことを疑ってみる能力を持っているものだ。場合によってはそんな気にならないような時もあるかもしれないが、疑ったり、問いただす能力は、誰にでも備わっている。事実、疑う能力があるから、われわれは動物ではなく、人間なのだと言ってもおかしくはない。心温まる楽しい思い出として、子供の頃出合ったラジャ・ラム・モハン・レイ（Raja Ram Mohan Ray）による一九世紀初頭のベンガル語の詩がある。「あなたの死ぬ日がいかに恐ろしいか想像してみよ。他人は話し続けているのに、おまえは言い返せないのである」。死というものの主な特徴はそんなものかなと思わせる描写である。私は「われ疑う、ゆえにわれあり」というスローガンが正しいとまで言うつもりはないが、しかしこの考え方はそれほど間違ってはいない。

以上の論点はごく基本的なことばかりなので、これに対して公然とあるいは密かに、いちいち反論するものがいなかったとしたなら、敢えて主張するのはばかられるかもしれない。事実、西洋自体に向けられた文化論争の文脈の中で、こうしたあまりに明白な主張に反論するというのは、めったにないことである。まず考えられないことだが、ある人が、イギリス人として生まれたとか、英国国教会あるいは保守派の家系であるからとか、キリスト教系の学校で教育を受けたからといって、自分のグループに共通する態度や信念の「中で」ものを思ったり考えたりしなくてはならない、などということはまずありえない。しかしながら他の文化、例えばアフリカやアジアの文化の場合、文化によって課される制約というものがあって、それはずっと拘束力が強く、大きな強制力を持っている。伝統による拘束という仮説は、文化多元主義の唱道者や、多文化的世界（たいへんもっともな理由から、幅広い層に訴えるような理想）の重要性を訴える人によって表明されることがよくあるので、拘束とされているものは、生き方を選択する個人の自由を制限したり束縛したりするようなものではなく、文化的正統性や純粋性を訴える積極的な主張として理解されている。そうなると、束縛された個人は、西洋化に対する英雄的抵抗者、自国の伝統の保護者だとみなされるのである。

この種の見方からすると、すくなくともふたつの違った問題が出てくる。第一に、もしアイデンティティに関する選択というのはありえないという前提が全く正しいとすると、民族の伝統主義の中に、地方文化を自ら進んで守ろうとする心構えを認めるなどということが、どうしてできるのであろうか。もし、人々が現実に選択をし、しかも地域の伝統から離れないことを選択するのなら、彼らの伝統主義——「このように選ばれた」伝統主義——の内に、自発的な伝統擁護やさらには英雄的な抵抗までも読み取ることができるであろう。しかし、一般に考えられているように、もし人々に選択の余地がないのだとしたら、どうしてこうした結論を支持できるというのだろうか。合理的判断に基づく選択という地位を、合理的判断なき服従に与えるわけにはいかない。選択と合理的判断とのつながりは、改革者のみならず、改革に抵抗する伝統主義者にとっても重要なのである。

第二に、どんな証拠があって、非西洋的伝統の中に生まれた人々には、他の形のアイデンティティを伸ばす能力がないといえるのか。なるほど、他の選択肢を考えてみる機会はないかもしれないし、おまけに無知と未経験のせいで現実の選択行為が行えないかもしれない。学校にも行かず、外の世界を全く知らないアフガニスタンの少女には、実際、自由に考えることはできないかもしれない。だが、このことが示しているのは、合理的思考の「能力がないこと」ではなく、ただ、そうするチャンスに恵まれていないということにすぎないのである。

つまり、共同体やアイデンティティの持っている認知的役割はもちろん重要だが、合理的判断に基づく選択の可能性がこうした影響のおかげで排除されてしまうなどと思ってはならない。もちろん、行動の面で人に及ぼす影響にはあまり拘束力がない、ということにはならない。確かに、その影響によって、束縛もされ拘束もされるのである。だが、こうした影響の中に、伝統主義の英雄的な擁護は認めても、不合理な束縛を見ようとはしないのは、間違っているだろう。

実際、厳しい状況の中でさえ、事態は変化するものだ。一二世紀の偉大なユダヤ人学者、マイモニデスは、偏狭で頑固なまでに宗派にこだわるヨーロッパにおいて、改革ができるとは本気で思ってはいなかったので、ヨーロッパの故国とそこでの宗教的迫害から逃れて、都会的で寛容なカイロという安全な町で、サラディンの庇護下で生きることにしたのは、賢明であった。事態は異端審問の支配するヨーロッパから進歩したが（二〇世紀の中ごろの歴史についてそのように言うのはためらわれるが）、しかし、ヨーロッパでは合理的な選択はすっかり容易になったが、非ヨーロッパ文化――カイロとその向こう――は非合理的な原理主義の暴政でがんじがらめになっている、などと思ってはいけない。選択はちゃんとあるのだ。合理的判断の可能性もまたしかり。選択が永久にないと思ったり、合理的に考えることはできないと思ったりするような誤った思い込みが、もっとも人の心を縛り付けるものなのである。

越境するアイデンティティと正義

Identity and Justice beyond Borders

アイデンティティと共同体とを合理的に選択する必要があるということを、もっとしっかりと認めるべきであろう。それはリベラルな正義論に対する共同体主義の批判においてもそうだし、さらには、リベラルな理論、特にロールズのそれにおいても認めるべきである。では、どうしてそうなのか、その理由を最後に考えてみよう。この問題は、「原初状態」の適応範囲、さらにそのはっきりとした実践上の成果のみならず、それが公正さの理解に及ぼす影響に関係している。契約を行っていると想定されている構成員とは、いったい誰のことなのか、という問題については、まだかなり曖昧なところがあるのである。全世界の人々なのか——地球規模の社会契約なのか。あるいは、民族ごと、あるいは民族に基づいた国家ごとに交わされる契約なのか。

一般に、ロールズ的公正が実施される領域は、おのおの個別の国家であると理解されてきたし、原初状態という装置はおのおのの国家に対応して適用されることになっている。オックスフォードで行った「諸国民の法」というアムネスティー講義とその後の新たな著作の原稿のなかで、ロールズは、この見解にさらにもうひとつの原初状態の必要性、今度は様々な国民の代表を含む原初状態の必要性をつけ加えている(22)。単純化を恐れずに言えば、この二つの原初状態というのは、それぞれ国内的(国家における個人間)であり国際的(違った国々の代表間)なものであると考えることができる。さすがにロールズは、それぞれの場合における正義の要求を、深い洞察力を持って、厳密に、慎重に分析している。

現代における国籍と市民権の重要性を否定することはできないが、われわれは次のようにも問うてみなければならない。国境を越えた人々のあいだの関係をどのように理解すればいいのだろうか、と。こうした人々のアイデンティティにはとりわけ民族や政治的な単位による区分「以外の」分類、すなわち、階級、ジェンダー、あるいは政治的・社会的信条などに基づいた連帯関係が含まれている。職業的アイデンティティ(医者であるとか教師であるとか)やそこで生まれる国境なき責務を、どう説明すればいいのか。こうした関心、責任、義務などは民族的アイデンティティや国際関係に付随していないばかりか、場合によって、国際関係とは逆の方向に向かうこともある。「人間」であるという、おそらく最も基本的なアイデンティティでさえ、正しく理解すればわれわれの視野を拡大してくれるものだ。われわれが分け持っている人間としての責務は、「民族」や「国民」の一員であることによって成り立っているわけではない。核爆発の余震が続く六月のカルカッタで、この講演の中身をあれこれ考えていると、「人と人との間で」国境を越えて直接通い合う共感や連帯感には、互いによそよそしい国家同士の民族中心主義を実質上超えるような展望があるように思われたのだった。

事実、国境を越えた人の往来には、国家間の関係からは出てこないような規範や規則があるものだ。これは、急速にグローバル化しつつある、独自の規律と慣習を持った世界経済における市場や交換にまさに当てはまることである。法的強制が必要とされる場合には、当然、その処理にあたって国内法が依然として重要である。それでも、世界的な貿易では、独自の倫理、規則、規範を持った当事者間の直接的相互交渉が行われている。この相互交渉は、国家間の関係に限定されないような集団的相互関係によって、支持されたり、吟味されたり、批判されたりすることになる。

これ以外のアイデンティティもある。医師ならこう自問するかもしれない。医師と患者の共同体に対して、それが同一の国家に属しているとは限らない場合、どんな形のコミットメントを持つべきかと（ヒポクラテスの誓いは、はっきりとであろうと暗黙のうちにであろうと、いかなる国家的契約によっても媒介されなかったことを覚えておこう）。同様に、フェミニストの活動家ならこう思うだろう。自国の女性のみならず、女性一般の権利剥奪を訴えるためには、どのように関わるべきか、と。スーダンにおける性差別撤廃運動に参加しているイタリア人のフェミニストは、まずイタリア人としてではなく、フェミニストとして活動しているのである。

先に論じたように、アイデンティティや所属関係の違いから、相反する要求同士の対立が起こるかもしれないので、承認された義務だからといってもその一つ一つが対立する利害関係のすべてに対して優先できるわけではない。そのために、各アイデンティティ間の優先順位に関する合理的な判断が——機械的な公式ではなく——必要とされるのだ。すべての所属関係をひとつの支配的なアイデンティティ——国家組織あるいは国民の一員——に服従させてしまえば、多様な人間関係が持っている力や幅広い関係性が見失われてしまう。国家の国民としての政治的信条は、それはそれで大切である。しかしこの政治的信条が他の形の集団とのつながりに基づく信条や行動の仕方よりも優先されることはない。

今日のところは、われわれが生きているこの世界において、もっと望ましい正義の形態とはどんなものかについて十分論を尽くして述べることはできない。今言えることは、これから進むべき方向は、違った人間関係や集団を巻き込みながら互いに重なり合うような原初状態であって、相互にぴったりと調和しあう局面を持つすっきりとした二層構造ではない、ということである。このような方向に進めば、おそらく、異なった忠誠心に基づく正義同士が互いにぶつかり合う可能性が高くなるであろう。しかしながら、正義論というものを、実際の行動計画に関するアルゴリズムの形をした青写真ではなく、個人や(「特に」政府を含む)団体が直面する倫理的な要求をはっきりさせるのに役立つ政治的思考法として理解するなら、こうした大雑把な定式も、われわれの複合的な利害関係やアイデンティティにちょうど相応しいものになるであろう。

そろそろ結論にはいろう。まず第一に、社会的アイデンティティは重要であろう。個人を自己中心的な孤島とみなす見方は退けて当然である。第二に、アイデンティティの選択に際して、合理的判断は重要な役割を果たしている。社会的アイデンティティというのは「発見」すべき事柄であって、選択を具体化する過程を伴うものではない、という共同体主義の想定は受け入れなくてもかまわない。第三に、共同体主義が強く主張する認識論と倫理学における分離主義、およびそこにみられるような、違った文化を認知的なあるいは道徳的な孤島として扱う傾向とに対して疑いの目を向けてみよう。第四に述べたのは、ロールズの正義論の取り組みは、共同体主義の批判に十分対抗しうるしっかりとしたものだ、ということである。

最後に、共同体主義の批判のみならずロールズの取り組みも、国籍や市民権に関わらないものをも含めて、われわれの多様な帰属性やアイデンティティを扱うにあたっては、もっと選択と合理的判断の余地を設けておかねばならない。このように範囲を拡張したからといって、けっしてその精神において反ロールズ的になるわけではない。どのようにして正義について合理的に考えればいいのか、なぜ現にある選択を認めなければならないのかを、教えてくれたのはロールズだけである。われわれは、まさにロールズが開いてくれたこの道をこれからも進んで行くことができるのである。

原注訳（著作は原注のまま）

（1）「『ものはそれ自身と同一である』役に立たない命題の例としてこれほど見事なものはないが、それでも想像力の働きとは関係がある」Anthony Kenny, ed., *The Wittgenstein Reader* (Oxford:Blackwell, 1994), p. 102.

（2）George J. Stigler, ‘Smith’s Travel on the Ship of the State’, in A. S. Skinner and T. Wilson, eds., *Essays on Adam Smith* (Oxford: Clarendon Press, 1975), p. 237.

（3）Adam Smith, *An Inquiry into the Nature and Causes of the Wealth of Nations* (1776; republished, Oxford: Clarendon Press, 1976), pp. 26–7.

（4）‘Behaviour and the Concept of Preference’, *Economica*, 45 (1973); reprinted in John Elster, ed., *Rational Choice* (Oxford: Blackwell, 1986); *Choice Welfare and Measurement* (Oxford: Blackwell, 1982, and Cambridge, Mass.: Harvard University Press, 1997); *On Ethics and Economics* (Oxford: Blackwell,1987); ‘Maximization and the Act of Choice’, *Econometrica*, 65 (1997).

（5）'Rational Fools: A Critique of the Behavioral Foundations of Economic Theory', *Philosophy and Public Affaires*, 6 (1977).

（6）John Rawls, *A Theory of Justice* (Oxford: Clarendon Press, 1971), and *Political Liberalism* (New York: Columbia University Press, 1993).

（7）ロールズの影響はある種の倫理学の著作に顕著である。それは、Thomas Nagel, Derek Parfit, Richard Arneson, G. A. Cohen, Cass Sunstein などの規範理論のような、成熟した正義の理論を提示することを断念したような倫理学である。

（8）これらの批判やこれに代わるものとして提示された原理については、私の以下の著作を参照。*Collective Choice and Social Welfare* (San Francisco: Holden-Day, 1970; republished, Amsterdam: North-Holland, 1979); 'Equality of What ?' in S. McMurrin, ed., *Tanner Lectures on Human Values*, i (Cambridge: Cambridge University Press, 1973); 'Justice: Means versus Freedom', *Philosophy and Public Affairs*, 19 (1990); *Inequality Reexamined* (Oxford: Clarebdon Press, and Cambridge, Mass.: Harvard University Press, 1992).

（9）Bernard Williams, 'A Critique of Utilitarianism', in J. J. C. Smart and B. Williams, *Utilitarianism: For and Against* (Cambridge: Cambridge University Press, 1973); Stuart Hampshire, 'Morality and Coversation', in Amartya Sen and Bernard Williams, eds., *Utilitarianism and Beyond* (Cambridge: Cambridge University Press, 1982).

（10）Michael Sandel, *Liberalism and the Limits of Justice*, 2nd ed. (Cambridge: Cambridge University Press, 1998) を参照。ロールズの 'Justice as Fairness: Political not Metaphysical', *Philosophy and Public Affairs*, 14 (1985), and *Political Liberalism* におけるサンデルや他の人々からの批判に対するロールズの応答も参照。ロールズの応答に対するサンデルの反応については次を参照。'A Response to Rawls' Political Liberalism', *Liberalism and the Limits of Justice*, 2nd edn. (Cambridge: Cambridge University Press, 1998), pp. 184—218.

（11）Charles Taylor, 'Cross-Purposes: The Liberal-Communitarian Debate', in Nancy L. Rosenblum, ed., *Liberalism and the Moral Life* (Cambridge, Mass.: Harvard University Press, 1989), p. 162. テイラーは、この論文の中で、共同体主義理論の中の違ったタイプの主張をはっきりと区別している。この点については次のものも参照。Will Kymlicka, *Contemporary Political Philosophy: An Introduction* (Oxford: Clarendon Press, 1990), ch. 6; and Michael Walzer, 'The Communitarian Critique of Liberalism', Political Theory, 18 (1990).

(12) Charles Taylor, *Philosophical Arguments* (Cambridge, Mass.: Harvard University Press, 1995), pp. 191–2.

(13) Tom Stoppard, *Jumpers* (London: Faber & Faber,1972), p. 41.

(14) Sandel, *Liberalism*, p. 150. これは、サンデルの急進的な共同体主義的立場の表明である。もう少し穏健な言い回しのものもある。

(15) Ibid. p. 152; 括弧はサンデル自身による。

(16) B. Crowley, *The Self, the Individual and the Community* (Oxford: Clarendon Press, 1987), p. 295.

(17) E. M. Forster, *Two Cheers for Democracy*.

(18) Albert Hirschman, *Shifting Involvements* (Princeton: Princeton University Press, 1982).

(19) Emma Rothschild, 'The Quest for World Order', *Daedalus*, 124 (Summer 1995), p. 81.

(20) Alan Ryan, *J. S. Mill* (London: Routledge, 1974), p. 125 参照。ミルは、婦人参政権についての自分

の見解は、「自分独特の気まぐれ」と見なされた、と記している。John Stuart Mill, *Autobiography* (1874: reprinted, Oxford: Oxford University Press, 1971), p. 169.

（21）K. Anthony Appiah, 'Race, Culture, Identitiy: Misunderstood Connections', in K. Anthony Appiah and Amy Gutman, *Color Consciousness: The Political Morality of Race* (Princeton: Princeton University Press, 1996), pp. 103–4.

（22）JohnRawls, 'The Law of Peoples', in Stephen Shute and Susan Hurley, eds., *On Human Rights* (New York: Basic Books, 1993); and 'The Law of Peoples', manuscript of a monograph (1998).

解説

訳者あとがき

本書は Amartya Sen, *Reason before Identity, The Romanes Lecture for 1998*, Oxford University Press, 1999 の全訳である。本書はセンが一九九八年十一月十七日にオックスフォード大学で行った講演に基づいている。アマルティア・センは、ノーベル経済学賞（一九九八）を受賞した世界的に著名な経済学者で、特に厚生経済学の分野では画期的な業績を残し、経済学と倫理学とを架橋する斬新な研究手法を確立したことで広く知られており、現在は、ケンブリッジ大学トリニティ・カレッジ学長を務めながら、精力的な活動を続けている。

センの研究の中心領域は、言うまでもなく経済学、なかでも厚生経済学や開発経済学と呼ばれる分野である。しかし彼の研究領域はそれだけに止まらず、専門の経済学の範囲を大きく越えて、倫理学、政治哲学、法哲学、人権理論にまで広がっている。ここに訳出した『アイデンティティに先行する理性』は、こうしたセンの幅広い関心を示す好例といってもよい。本書において、センは、集団や共同体への自己同一化としての〈社会的アイデンティティ〉が、今日のわれわれにとってどのような意味をもっているのか、という問題を、経済学と政治哲学という異なる領域を横断しながら鋭く追及している。

センは本書の中で、〈社会的アイデンティティ〉がわたしたちの行動や生き方に深い関わりを持っていることを認めながら、〈社会的アイデンティティ〉の影響力を過度に強調する考え方のうちに潜む危険な傾向に注意を促し、〈社会的アイデンティティ〉に対して一定の距離を置くような、個人の理性的な姿勢やものの見方がいかに大切であるかを強く訴えようとしている。現代の政治哲学の言葉を使えば、〈社会的アイデンティティ〉を重視する共同体主義(communitarianism)に対して、その意義は認めつつも、現代におけるリベラルな正義論(ロールズ)の果たす役割を積極的に評価しようとしているのである。

聴衆を前にした講演という性質から、本書で展開されるセンの議論は、経済学や政治哲学の専門知識を持たない一般の読者にも理解し易いものになっている。とりわけ本書は、テーマの性格から言って、政治哲学・思想(特にリベラリズムと共同体主義との論争)に関心のある方はもちろんのこと、最近の国際社会におけるナショナリズムや原理主義の台頭、あるいは文化的アイデンティティや多文化主義の問題などに興味を抱いている方々にぜひ読んでいただきたい。また、人間の自由をなによりも重視するセンの考え方がはっきりと打ち出されている本書は、センの著作に初めて触れる読者にとっては、格好の入門書としての役割を果たすことができるだろう。日本では、センの中心的分野である厚生経済学関係の翻訳は多いけれども、本書のような経済学以外の分野に関するセンの業績がまだまだ十分に紹介されていないことを思うと、短い講演ではあるけれども、本書によって少しでもセンの多面的な活動の一端が広く知られるようになれば幸いである。

以下において、本書によって初めてセンの著作に触れる若い読者のために、本書の議論の要点を解説しておこう。

社会的アイデンティティについて

まず、本書でセンが取り上げる〈社会的アイデンティティ〉について。

ここで言われている〈社会的アイデンティティ〉とは、ある特定の集団への帰属意識、すなわちある社会的共同体（家族、学校、地域、会社組織、民族、国家など）の一員であることから生まれる共同性の意識のことである。

ひとは誰しも、社会に生きているかぎり、何らかの集団や共同体の一員であり、そのことが、そのひとの人生にとって重要な意味を持っている。例えば、わたしたちは、少なくとも何らかの言語・文化的共同体の一員であって、幼児の頃から慣れ親しんだ言語（母国語）や文化・慣習は、わたしたちの思考構造や感受性の様式（どんなメロディに感動するか、どんな風景を美しいと思うか、ということ）に強い影響を与え、わたしたちが生きていくために必要な美意識、価値観、倫理観などを形成していく上での基盤となっている。また、固有の倫理観や規律を持った言語・文化的共同体は、そこで生まれ育ったひとびとに、連帯感や責任感などのような、利己的な欲望を抑制する内面的規律や公共心を植え付けてくれる。要するに、ひとは、社会から切り離された個人として生まれ、生きて行くのではなく、なんらかの社会的集団・共同体との関わり（社会的アイデンティティ）の中で自己を形成し、価値観や行動様式を身に付けながら生きている、というのが多くの人間に共通した姿であろう。

またこうした〈社会的アイデンティティ〉には、伝統的な言語・文化的共同体（民族・国家）に対する自己同一化としての〈社会的アイデンティティ〉ばかりではなく、身近な職業集団や政治的・宗教的信念の集団に対して抱く帰属意識や一体感という形での〈社会的アイデンティティ〉もある。これらは、言語・文化的共同体に比べて、人に対する影響力はいささか劣るかもしれないが、わたしたちが帰属意識を抱き、それに対して忠誠心や一体感を持つという点では、本質的に違いはない。これらの集団に固有の規律や信条は、構成員の行動を規定する十分な力を備えており、場合によれば、伝統的な共同体以上の影響力を及ぼすことも珍しくないのである。違いがあるとすれば、ひとがそこで生まれ育つ言語・文化的共同体の場合は、そこで形成されるアイデンティティをはじめから自覚的に選び取るということはないのに対して、成人後に帰属する集団に対しては、多くの場合、最初から自覚的な決断が働いている、という点であろう。

ただ、言うまでもないことだが、わたしたちは常にこうした〈社会的アイデンティティ〉だけを拠り所として生きているわけではない。自分以外のものに自己を同一化したり、重ね合わせたりして、自己の倫理観や行動の方向を決定するのではなく、他の誰でもないこの自己自身の存在に目覚める、いわば〈個としてのアイデンティティ〉もわたしがわたしであるための大切な契機である。わたしたちは、成長するにしたがって、自分が生まれ育った社会の伝統的な価値観や慣習の意味に疑いを抱き、その意義を問い直したりすることもあれば、個人としての自覚（個人としてのアイデンティティ）に目覚め、一切の社会的関係や共同体から自分を断ち切りたいという思いに駆られることもある。〈社会的アイデンティティ〉がわたしたちにとって重要な意味を持っているのはもちろん確かであるが、それは事態の半面にしかすぎないのであって、もう一方で、わたしたちには〈社会的アイデンティティ〉に距離を置いて、それを疑ったり客観的に見つめなおしたりする能力も、機会も与えられているのである。そうでなければ、われわれは、自分が同一化すべき信条や価値観を主体的に選び取り、それに対して忠誠を誓ったり、責任を負ったりすることが不可能になってしまう。個人としてのアイデンティティの内容がどんなものであれ、〈社会的アイデンティティ〉が単なるお仕着せの受動的なものではなく、主体的な同一化でもあるためには、わたしたちは個としての自覚や自由の可能性を保持しておかなければならない。

以上の簡単な考察から言えるのは、わたしたちが、「わたしとは何か」といった自己の内面性や価値観を考える際に、すくなくとも〈個人としてのアイデンティティ〉と〈社会的アイデンティティ〉というふたつの側面を同時に考慮しなければ、答えを出すことができない、ということである。このことは、さらに敷衍すれば、一見、純粋に個人的な問題にみえる「わたしとは何か」には、自己以外の他者・社会が深く関わっているという事態につながって行くが、ここでは、これ以上この問題には触れない。

利己主義的人間観に対する批判

さてそろそろセンの議論に戻ろう。センは、なぜこの講演で〈社会的アイデンティティ〉の問題を取り上げたのであろうか。講演の内容から明らかなように、そこには二つの意図がある。ひとつは、伝統的な経済学の人間観に対する批判、もうひとつは〈共同体主義（communitarianism）〉に対する批判である。経済学が〈社会的アイデンティティ〉に重きを置かない立場に立つとすれば、〈共同体主義〉はその反対で〈社会的アイデンティティ〉の重要性を強く主張する立場に立っている。そして、センが重点を置いているのは、〈共同体主義〉批判の方であることは、言うまでもない。ここでは経済学批判はむしろ、〈共同体主義〉批判の導入的役割を果たしているにすぎない。

最初の経済学批判については、本書の中心主題ではないので、ごく手短に触れるだけに止めておきたい。伝統的な経済学における人間観に対するセンの批判については、著名なセンの論文「合理的な愚か者」（大庭・川本訳『合理的な愚か者』勁草書房所収）が最も詳しいので、この問題に関心のある読者はこの論文を参照することをお勧めする。この論文以外にも、分かり易いところでは、センの著書『経済学の再生』（徳永他訳、麗澤大学出版会）が伝統的な経済学の発想そのものに対する批判的議論を扱っていて参考になるし、また『自由と経済開発』（石塚訳、日本経済新聞社）にも本書の議論のさらに詳しく展開された論述が見られる。

さて、伝統的な経済学の基本的考え方によれば、人間は、少なくとも経済活動においては、自己利益の追求以外に行動の動機を持っていない。「自己利益を追求する利己主義者という人間観」（『合理的な愚か者』一二七頁）が経済学の基本的な前提となっている。したがって、人間の行動を決定しているものはなにか、という問題について伝統的な経済学は、こうした〈社会的アイデンティティ〉が果たす役割を極度に低く、あるいは無視に等しい扱いをする傾向を持った学問であった。しかし、実際の人間の姿を素直に見れば、人間の行動を動機づけているものは単に自己利益という利己主義的な要因だけではない。円滑な経済活動を支えている要因としてセンは、自己利益以外にも、例えば、責任、信頼や社会規範の遵守といった倫理的な価値が重要な役割を果たしているし、共感（sympathy）や献身（commitment）などの動機も重要な行動誘因になっていることを強調する。

特に共感と献身については、センは他のところで次のように述べている。「狭い自己利益的な行動から離れるときには、二つの違った離れ方、すなわち『共感』と『献身』を区別することが便利である。第一に、われわれの自己利益の観念そのものが他者にたいする関心を含んでいるかもしれず、広く定義するならばある人間自身の福利の観念の中に共感が含まれているかも知れないのである。第二に、われわれは広く定義された福利あるいは自己利益を超えて、それ以外の価値、例えば社会正義、ナショナリズム、地域福祉（ある程度の個人的コストを負担してすら）を追求するうえで進んで犠牲を払ってもよいと思うかもしれない。献身（たんなる共感ではなく）を含む『自己利益的行動からの』この種の離脱は、個人的な福利や自己利益（われわれが同情する人の利益の増進にかかわる自己利益を含む）以外の価値を呼び覚ます」（石塚訳『自由と経済開発』日本経済新聞社、三〇九―三一〇頁）。

センが注目する「共感」と「献身」という二つの契機は、経済活動において自己利益の追求という自己中心的な動機だけではなく、他者への関心や共同体への自己同一化という〈社会的アイデンティティ〉に関わる動機が深く関与している可能性を示唆していると言えるだろう。ただ、本書では経済活動と〈社会的アイデンティティ〉に関する議論はこれ以上展開されてはいない。

共同体主義

さて、〈共同体主義〉の主張に対するセンの批判は、二つに分かれている。一つは、〈共同体主義〉という名前で括られている主張の中でも、特に急進的で過激な主張に対する批判であり、もう一つは、テイラーやサンデルに代表されるリベラリズム批判としての〈共同体主義〉に対する批判的見解である。前者は、すべての価値観や合理性は各文化的共同体に対して相対的であるとして、一切の普遍的価値の存在を否定してしまうような、一種の徹底した文化相対主義の立場を指している。後者は、個人の自律や自己決定を何よりもに重視するリベラリズムに対して、共同体固有の価値観や道徳意識を大切にしなければ自立的で自由な個人も育たないとして、個人主義的なリベラリズムを批判する立場である。センは、前者のような見解には、いささかの共感も寄せてはおらず、このような立場に立てば、世界をそれぞれ自己完結的で独断的なモザイクのような自閉的世界に解体し、文化的な対話や相互交流の可能性を一切断念させてしまう結果をもたらすだけだとして、厳しく批判している。

重要なのは、リベラリズム批判、とくにここでは、ロールズの正義論に対する共同体主義の批判である。センは、〈共同体主義〉が主張する共同体的価値（好意、忠誠心、連帯性）が社会にとって大切なものであることを認めつつ、そうした親密な人間関係が成り立たない場面、例えば、共通の利益によっては結ばれてはおらず、互いに競合し合っている経済・社会的集団同士の場合に注意を促す。このような場合に必要なのは、互いの対立を認めた上で、なお相互になんらかの共通の合意や規範はありえないのか、という困難な可能性を求めて努力することである。ロールズの正義論の試みは、こうした問題状況において効力を発揮する、とセンは考えている。文化や価値観が異なればいかなる対話も合意もありえないとか、共同体内部での強い結束力や相互理解にのみ目を向けて、最初から共同体的連帯意識を欠いた、異なる文化や共同体間の関係には比較的無関心であるような立場では、このような可能性は開かれては来ないであろう。

以上のようなセンの議論を理解するために、ここですこし〈共同体主義〉について整理してみよう。

もともと共同体主義が出てきた背景には、北米を中心としたリベラルな個人主義が主流となっている社会における、ある深刻な危機感がある。井上達夫は次のように述べている。「共同体論は、米国やカナダを中心に勃興しているが、その背景には、リベラリズムが米国をはじめとする先進資本主義社会にもたらしたと考えられた『ひずみ』への反動がある。この『ひずみ』のイメージは、二つの要素から成る。第一は、リベラリズムが家族や地域社会など、共同体的人間関係の場を崩壊させたという認識であり、第二は、共同体の崩壊が、現代人を蝕む社会病理の真因であるという判断である」（井上達夫『他者への自由』創文社、一二六頁）。

共同体の崩壊は、個人を共同体的制約から解放するどころか、むしろ個人の〈社会的アイデンティティ〉を衰弱させることによって、安定した価値観や倫理観の基盤を解体し、個人の内面を空虚化する結果を招いている。井上は、共同体的諸関係の衰退がもたらす深刻な社会病理には二つの側面があると言う。ひとつは、倫理的側面としてのアノミー化であり、もうひとつは、政治的側面としてのアパシー化である。

〈アノミー〉とは、一九世紀フランスの社会学者であるデュルケームの用語で、「人々の日々の行動を秩序づける共通の価値・道徳が失われて無規範と混乱が支配的になった社会の状態」（広辞苑）のことを意味する。「家族や地域社会の解体は、子供の倫理的社会化の場を消失させ、市場経済による共同体的紐帯の侵食は、公共心の衰退と、私利追及・欲望充足の放縦化」をもたらすことになった（井上、前掲書、一二七頁）。そして〈アパシー化〉とは、政治的な事柄に対する無関心やしらけた気分である。「市民の活発な公共的生活の場としての地域共同体の衰弱により、市民と国家の距離が拡大し、政治的無力感から、政治に対するシニスムとアパシーが広がる。その結果、政治は一種の観賞用スポーツと化し、民主主義の大衆社会的形骸化が進行する」（井上、前掲書、一二八頁）。

こうした問題意識のもとで、リベラルな個人主義が招いた様々な弊害を乗り越える可能性を〈社会的アイデンティティ〉の復権に見出そうとしているのが、〈共同体主義〉の政治学に代表される立場である。この立場に属するとされている代表的論者としては、例えば、チャールズ・テイラー（Charles Taylor）、アラスデア・マッキンタイアー（Alasdair MacIntyre）、マイケル・サンデル（Michael Sandel）、マイケル・ウォルツァー（Michael Walzer）を挙げることができる。〈共同体主義〉の主張によれば、自由で自立的な主体的個人を回復するためには、リベラリズムが主張するように、最初から一切の〈社会的アイデンティティ〉から離れて存在する個人を前提してはならない。しっかりした〈個人としてのアイデンティティ〉をもった人間は、リベラルなある種の中立的価値空間の中でなく、善い生き方や社会についての一定の理解を共有した伝統的な共同体のなかでこそ陶冶されるのである。個人は、特定の〈社会的アイデンティティ〉の担い手として育てられ、生きて行くなかで、社会における公共心や他者への思いやりといった道徳的価値の重要性に気づき、みずから自覚的に考えることができるようになる。〈共同体主義〉に共通する発想を、井上は次のような標語にまとめている。「アトム的に孤立した個人の、無力化・恣意化された選択の自由から、一定の歴史と伝統に定位し、未来を共同形成してゆく共同体の中で陶冶された、個人の豊かな人間的主体性へ」（井上、前掲書、一三四頁）（共同体主義に関する詳しいことが知りたい読者は、文献案内に挙げた以下の文献が有益である。藤原保信『自由主義の再検討』、井上達夫『他者への自由』、キムリッカ『現代政治理論』）。

社会的アイデンティティと理性

共同体主義について大まかな理解が得られたところで、センのテキストに戻ろう。センの議論の要諦をもう一度おさらいすると、センの話は、共同体主義の陣営からのリベラリズム批判（特にここではロールズの正義論）を手がかりにして、〈社会的アイデンティティ〉をめぐる共同体主義の主張を吟味することにより、ロールズ流のリベラリズムの優れたところを評価し、

〈社会的アイデンティティ〉における人間の自立と自由の意義を再確認しよう、というロジックによって組み立てられている。そして、正義の規則を社会に適用しようとしても、予めその社会に共同体的連帯や社会的アイデンティティがしっかりしていなければ、無理だというサンデルの批判に対しては、これはロールズの正義論には当てはまらず、なによりもロールズの問題意識は、互い共同体的連帯意識を持たない人々の関係、すなわち帰属する共同体を異にする人々の関係にあるのであって、共同体主義の主張するようにひとつの共同体内部の関係に対するものではない、という点を鋭く指摘して、サンデルの批判を退けている。

さて本書の議論のもっとも重要な個所に話を移そう。ここの主題は、〈社会的アイデンティティ〉に対する人間の理性的思考や主体的選択の重要性である。

そもそも〈社会的アイデンティティ〉には二つの働きがある、とされている。一つは、〈描写的役割〉、もう一つは、〈認知的機能〉である。まず、〈描写的役割〉から。〈描写的役割〉というのは簡単に言えば、人々がどの社会的集団に属しているかを決める、一種のグループ分けのことである。各々の社会的集団には、その集団固有の価値観がある。キリスト教でも、カトリック信徒とプロテスタント信徒とでは、礼拝形態と信仰形式はもちろんのこと、信仰において何を重視するかにおいて違いがあるし、身近な例では、東京人（東京都民とは限らない）と大阪人（大阪府・市民とかなり重なる）とでは、生き方や趣味（服装、食物の好み）において何を良しとし、何を美しい、美味いとするかにおいて明らかな違いがある。そして、各々の集団に属する人々はこうした各々の社会的集団の価値観を共有しているはずである。したがって、あまりにもその集団の価値観から逸脱した行動をとるものに対しては、メンバーから除外されてしまうこともある。要するに、〈描写的役割〉とは、どんな集団で、そこにはどんな人々が帰属しているのかを決める働きのことである。

センは、〈社会的アイデンティティ〉の〈描写的役割〉はなるほどひとがどの社会的集団に所属しているかを明らかにしてくれるが、そうだからといってわたしたちが自分で考えたり選んだりする必要性や可能性がなくなってしまうわけではない、ということに注意を促している。というのは、わたしたちの〈社会的アイデンティティ〉というものは、決して単一ではなく、多くの境界線の入り混じった地図のようなものであって、その中からどれにもっとも自分が今一体化できるかを決めなければならなかったり、帰属する複数のアイデンティティ同士が競合したり葛藤したりすることがあるからである。そうした場合には、わたしたちは自分で考え、選択しなければならない。例えば、移民としてある国に移住し、そこで国籍を取得して定住している人は、自分の民族・文化的アイデンティティと国民としてのアイデンティティが異なる。この二つのアイデンティティの間に何らかの葛藤が生じざるを得ない事態が発生した場合、単純に、民族・文化的アイデンティティの方が本当のアイデンティティだ、とは言えない。その人にとっては、たとえ民族・文化的アイデンティティを抹消することはできないにしても、国民として帰属する国家への忠誠心の方が強いかもしれないのである。

しかし、そうは言っても、生まれ育った土地や文化というものは、成人後に移り住んだ外国よりもそのひとの人格に与える影響は大きいのではなかろうか。それゆえやはり、文化・民族的アイデンティティのような、中心的なものはひとが選んだり、拒否したりできないのではないだろうか。このような共同体的アイデンティティというのはひとが選んだりできるものではなく、探し出し、発見するものなのだ、と主張するサンデルに対して、センは、それでもやはりアイデンティティの選択は可能だ、と答えている。ただしこの場合、アイデンティティに関する選択が無制限で完全に自由であるということではないのであって、常に様々な制約が存在する。しかし、問題はどのようなアイデンティティを身に帯びているかではなく、どのアイデンティティがそのひとにとって重要か、ということである。例えば、日本からアメリカ合衆国へ移民したひとの子供の場合、自分が日系人であることを親から聞かされて、自分の日本人としてのアイデンティティを〈発見〉することはもちろんあるが、しかし、そのひとにとって日本人（日系人）であることが、アメリカ合衆国の国民であることよりも重大な意味を持たなければ、彼はアメリカ国民としてのアイデンティティを選び取り、それに忠誠を尽くすことは可能である。ひとは自分のアイデンティティをゼロから自分で作り上げることはできないが、しかし常にそこには選択の余地が残されているのである。

〈社会的アイデンティティ〉における理性的な熟慮や自主的な選択の余地を認めないことは、人類に大きな不幸をもたらす原因になっている、とセンは訴える。このことが、センが〈社会的アイデンティティ〉の問題を取り上げた大きな動機であると言っていいだろう。現在、世界の至る所で起こっている民族や宗教の違いによる対立・紛争の背景には、〈社会的アイデンティティ〉に対する無批判な順応主義がある、とセンは考えている。アイデンティティは選択すべきものではなく、発見するものだ、という共同体主義の主張は、こうした傾向を助長する結果を招くことになる。もうすこし多くの人が、アイデンティティには複数の可能性があり、それについて落ち着いて考え、自分が最も大切だと判断するアイデンティティに自分を委ねるという精神的余裕があれば、アイデンティティをめぐる暴力や野蛮な行為は回避できるのではないか。これが本書を通してセンが訴えるメッセージである。

センは、さらに〈社会的アイデンティティ〉の〈認知的機能〉にも、合理的判断や選択の可能性を見出そうとしている。〈認知的機能〉というのは、個々の人間の世界観や価値観に与える文化の影響である。わたしたちが日頃行っている行動や物の見方には、世界共通の普遍性はなく、そこにはわたしたちの帰属している文化・慣習という〈社会的アイデンティティ〉が色濃く滲み出ている、というのが常識的な見方であろう。例えば、以前、日本と外国との間の貿易摩擦の原因として、日本文化の独自性が持ち出されたことがあった。日本には外国とは異なる固有のまとまった文化が存在し、日本人は誰も皆この文化の影響下に暮らし行動している。この日本文化を肌身で理解できるのは、日本人だけであって、外国人には本当の理解はできない。外国とは異なる日本独特の思考・行動様式が、外国との交渉を妨げている真の原因だから、貿易摩擦の根本的解決は不可能である、というのが文化原因論者の意見であった。しかしこれは、もっともらしい俗受けする偏見・誤解である。

まず、人間の合理的判断に対する文化的影響というものは確かにあるが、それは決定要因ではない。しかも〈文化〉といっても、その中身は多様性に満ちており、一貫した統一性を持ってはいない。したがって影響があるといっても、そもそも日本文化というまとまった体系的統一体が存在しない以上、確かな根拠を挙げることはできないのである。だからといってもちろん、ひとが一切の文化的・状況的拘束から完全に自由に思考し、行動することはできず、いかなる文化的影響にも汚染されていないゼロ地点などというものは存在しない。わたしたちは、常にある文化的伝統をもった特殊な状況に投げ込まれているのであって、このことがわたしたちの価値観や行動様式に大きな影響を及ぼしていることは間違いない。しかし、それはわたしたちがいつもある状況の中で合理的な判断や選択をせざるを得ないということを意味しているのであり、すべての合理的思考が特殊な共同体に価値観によって完全に規定されているという文化決定論ではないのである。

最後に、センは現在のグローバル化しつつある世界の複雑な状況に目を向けて、〈社会的アイデンティティ〉への過剰な思い入れがもたらす偏狭なナショナリズムに対して、警鐘を鳴らしている。〈社会的アイデンティティ〉はひとが勝手に手を触れてはならない至高の価値を持つ、という根拠のない思い込みは、ナショナルアイデンティティの神聖化につながり、他の一切のアイデンティティを無効にしてしまう力がある。人々が国家の枠組みを超えて世界中を移動しつつある現在、従来の国民国家によって形成されてきたナショナルアイデンティティをすべてのアイデンティティに優先させる、という考え方を見直す必要がある、とセンは主張している。それは、ナショナルアイデンティティが不要だというのではなく、多くの人々が、国家的単位を超えた連帯関係によってつながるようになれば、国家や民族以外のアイデンティティが重要な意味を帯びてこざるをえない、ということである。たとえば、医師としての職業的アイデンティティは国家という枠組みを超えているのであって、わたしたちは医師としてのアイデンティティと国民としてのアイデンティティのどちらを優先させるべきか、という選択を迫られるかもしれない。そのとき重要なのは、国民としてのアイデンティティはその他すべてのアイデンティティに無条件に優先するという考え方に無批判的に順応するのではなく、どちらを選択すべきかについて合理的判断を下す余地を残しておくことである。

今やわたしたちは、ロールズの新たな試みにもあるように、互いにナショナルアイデンティティを共有しない者同士の国家を超えた正義の可能性を探るべき時を迎えている、といえるだろう。

ここでは、社会的選択理論にとって本書の議論がどのような意味を持つのか、と言った問題については一切ふれることができなかった。この点については、鈴村・後藤『アマルティア・セン　経済学と倫理学』（実教出版）の第八章に詳しい解説がある。

最後になったが、訳文全体を校閲して、有益な助言を下さった、関西学院大学文学部教授浜野研三先生、仕事の遅れがちな訳者を励まして、最後まで温かく見守って下さった関西学院大学出版会のみなさんに、心から感謝申し上げたい。

細見　和志

用語解説

【人物】

◆ウィトゲンシュタイン　Ludwig Wittgenstein (1889–1951)

二〇世紀を代表する哲学者のひとり。オーストリア、ウィーン生まれ。ユダヤ系の富豪の家庭に生まれ、十四歳まで家庭で教育を受ける。ベルリン工科大学、マンチェスター大学、ケンブリッジ大学で学ぶ。ケンブリッジではラッセルのもとで数学的論理学を研究。第一次大戦に従軍中に執筆した『論理哲学論考』がきっかけとなって、ケンブリッジに戻り、フェローとして講義を担当。その後ケンブリッジ大学教授（一九三九—四七）。『ウィットゲンシュタイン全集』全一〇巻・補巻二巻、大修館書店、一九七五—七八、一九八五—八八。

◆アダム・スミス　Adam Smith (1723–1790)

十八世紀イギリスの道徳哲学・経済学者。スコットランド、カコーディ生まれ。グラスゴー大学、オックスフォード大学で学び、グラスゴー大学教授となる。邦語訳著書は以下の通り。水田洋監訳『国富論』（岩波文庫、全四冊）岩波書店、二〇〇〇―二〇〇一年。米村富男訳『道徳情操論』未来社、一九六九。

◆ジョン・ロールズ　John Rawls (1921–2002)

現代アメリカの倫理学者・政治哲学者。メリーランド州ボルチモア生まれ。プリンストン大学卒業。一九五〇年の博士号取得。プリンストン大学、コーネル大学、MITを経て、一九五〇年からハーバード大学勤務。一九六二年からハーバード大学教授。邦語訳著書は以下の通り。矢島鈞次監訳『正義論』紀伊国屋書店、一九七九年。田中成明編訳『公正としての正義』木鐸社、一九七九年。

◆バーナード・ウィリアムズ　Bernard Williams (1929–)

現代イギリスの哲学者・倫理学者。一九二九年イギリス、ロンドン近郊生まれ。オックスフォード大学ベイリオル・カレッジ卒業。ロンドン大学、ケンブリッジ大学、カリフォルニア大学バークレー校を経て、オックスフォード大学教授。邦語訳著書は以下の通り。森際・下川訳『生き方について哲学はなにが言えるか』産業図書、一九九三年。論文として「一貫性を欠く形の相対主義」、「相対主義の含む真理」（J・M・メイランド、M・クラウス編／常俊宗三郎他訳『相対主義の可能性』産業図書、一九八九年所収）。

◆マイケル・サンデル　Michael Sandel (1953–)

現代アメリカの政治哲学者。一九七五年ブランダイス大学卒業。一九八一年にオックスフォード大学で政治学および哲学の博士号取得。ハーバード大学政治学教授。邦語訳著書は以下の通り。菊地理夫訳『自由主義と正義の限界』（第二版）三嶺書房、一九九九年。これは共同体主義の代表的著作のひとつ。

◆チャールズ・テイラー　Charles Taylor (1931–)

現代カナダの哲学者。カナダ、ケベック州モントリオール生まれ。一九五二年マッギル大学卒業。一九六一年オックスフォード大学で哲学博士号取得。同大学オール・ソウルズ・カレッジのフェロー、マッギル大学教授、モントリオール大学教授、オックスフォード大学教授を経て、マッギル大学教授。邦語訳著書は以下の通り。渡辺義雄訳『ヘーゲルと近代社会』岩波書店、一九八一年。「承認をめぐる政治」（エイミー・ガットマン編／佐々木毅・辻康夫・向山恭一訳『マルチカルチュラリズム』岩波書店、一九九六年所収）は共同体主義の陣営からの多文化主義論として重要。

◆モハンダス・ガンディー　Mohandas Gandhi (1869–1948)

インドの哲学者・政治家。国民会議派の指導者。カチャヤワルのサマルダス大学卒業後、ロンドンで法律を学び、ボンベイで弁護士を開業。南アフリカで人種差別法の撤廃を行い、後に無抵抗、不服従、非協力主義を貫き、インド独立運動に身を投じる。不可触賤民制度の撤廃などの社会改革運動も指導する。第二次大戦後、イスラム教徒連盟と会議派との和解に努力したが、失敗。過激派ヒンドゥー教徒によって射殺される。

◆タゴール　Rabindranath Tagore (1861–1941)

インドの文学者・思想家。インド・ベンガル地方生まれで、ピラーリー・バラモンの階級出身。正規の学校教育は受けていない。一九一三年にアジアで初めてのノーベル文学賞を受賞。アマルティア・センの名前、アマルティア（永遠に生きる者）を名づけたのは、タゴールである。センは後に、タゴールが開いた学校で教育を受けた。

◆マイモニデス　Moses Maimonides (1135–1204)

スペインのコルドバ生まれ。中世ヨーロッパ最大のユダヤ教哲学者。キリスト教とイスラムの勢力による強制改宗や迫害がユダヤ人を襲った時代に生き、移住を余儀なくされ、北アフリカに渡り、最後はエジプト王の宮廷医となる。

◆サラディン　Saladin (1169–1193)

一一六九年にアイユーブ朝を創建したエジプトの支配者。一一八七年、パレスチナで十字軍を撃破し、エルサレムを解放した後、十字軍勢力をレバノン、パレスチナの海岸部に押し戻す。ムスリムからも十字軍からも武将として尊敬された。エジプト、シリアに跨る地域を政治的に統一。スンニ派イスラムの確立に努力した。

【事項】

◆ケンブリッジ大学、トリニティ・カレッジ、学寮長　Cambridge University, Trinity College, Master

ケンブリッジ大学は十二世紀に創建された、オックスフォード大学と並ぶイギリスの伝統的な大学。大学（University）は現在三〇のカレッジ（College）と呼ばれる学寮から構成されており、トリニティ・カレッジはその代表的な学寮の一つである。各学寮は、最高責任者の学寮長（Master）と数人の教師（Fellow）、および学生によって構成されている。センは一九九八年から、ここの学寮長を務めている。

◆ビル・クリントンとケネス・スターとの関係

アメリカ合衆国のクリントン大統領と元ホワイトハウス実習生モニカ・ルインスキーとの不倫もみ消し疑惑について捜査していたのが、ケネス・スター独立検察官。ケネス・スターは、一九九八年九月最終捜査報告書を下院に提出、上院は大統領に対する弾劾裁判を行うが、大統領の罷免回避が確定。

◆ユーゴスラビアの民族紛争

ベルリンの壁崩壊と東欧の自由化などの影響が高まる中で、ユーゴスラビア連邦からスロベニア、続いてクロアチアが連邦離脱。九一年、連邦維持を目指すセルビアと武力衝突が起こる。九二年に独立したボスニア・ヘルツェゴビナでは、クロアチア人、セルビア人とムスリムとの間で民族紛争。コソボ自治州におけるアルバニア系住民をセルビア系住民との間の紛争など。

◆ルワンダの民族紛争

少数派のツチ族と多数派のフツ族との間の紛争。ベルギーによる植民地支配から一九六二年に独立したルワンダは、独立以前から続くツチ族によるフツ族支配が継続。一九七三年のクーデターによって、フツ族が政権奪取。それによって難民化したツチ族との間で紛争が激化する。抗争によって五〇万～一〇〇万人もの人が虐殺されたという。

◆コンゴ（旧ザイール）の民族紛争

一九六〇年に独立後長く続いたモブツ独裁政権が弱体化した後、ザイールは民主化。九四年ルワンダからの大量難民の流入がきっかけとなって、ザイールのツチ族系住民を中心とするコンゴ・ザイール解放民主勢力連合とザイール軍・旧ルワンダ政府軍との戦闘が始まる。九九年停戦協定署名。

◆インドネシアの民族紛争

インドネシアのポルトガル旧植民地、東ティモールの独立をめぐる、独立派と東ティモールのインドネシアからの独立に反対する併合派との間の紛争。九九年、住民投票で独立支持が多数を占めるが、反対派による武力抗争によって多数の死者、難民が発生。その後、国連暫定統治地域となって秩序を回復する。

【思想・言葉】

◆懐疑主義　skepticism

人間は、事物の本質を知ることはもちろん、経験の世界においても絶対的に確実な認識・知識に到達することは不可能なので、あらゆる判断に対して中立であろうとする立場。

◆無神論　atheism

世界にはいかなる超越的な存在や原理も（神）も、経験の範囲を越えた高次の秩序も存在せず、世界はそれ自身によって存在する、と考える立場。

◆不可知論　agnosticism

人間は、経験（現象）を越えたもの、すなわち事物の本質や実在の本当の姿を認識することはできないとする立場。

◆文化多元主義　cultural pluralism

文化にはそれぞれ固有の形態があり、他の文化との間には架橋できない差異が存在しているので、この差異を積極的に承認しなければならないとする立場。

◆伝統主義　traditionalism

過去から一貫して流れるとされる文化・慣習・儀式・宗教といった伝統的価値体系を肯定し、それを正しく継承し、保護してゆくことをよしとする立場。

参考文献

【アマルティア・センの著作の邦訳】

鈴村興太郎訳『福祉の経済学』岩波書店、一九八八年
大庭健・川本隆史訳『合理的な愚か者』勁草書房、一九八九年
池本幸生・野上裕生・佐藤仁訳『不平等の再検討』岩波書店、一九九九年
鈴村興太郎・須賀晃一訳『不平等の経済学』東洋経済新報社、二〇〇〇年
黒崎卓・山崎幸治訳『貧困と飢餓』岩波書店、二〇〇〇年
石塚雅彦訳『自由と経済開発』日本経済新聞社、二〇〇〇年
志田基与師監訳『集合的選択と社会的厚生』勁草書房、二〇〇〇年

大石りら訳『貧困の克服』集英社新書、二〇〇二年
徳永澄憲・松本保美・青山治城訳『経済学の再生』麗澤大学出版会、二〇〇二年

【邦語主要参考文献】

塩野谷祐一『価値理念の構造』東洋経済新報社、一九八四年
『経済と倫理』東京大学出版会、二〇〇二年
井上達夫『共生の作法』創文社、一九八六年
『他者への自由』創文社、一九九九年
藤原保信『自由主義の再検討』岩波新書、一九九三年
川本隆史『現代倫理学の冒険』創文社、一九九五年

山脇直司　『新社会哲学宣言』創文社、一九九九年
C・ウルフ／J・ヒッティンガー編
菊池理夫・石川晃司・向山恭一訳　『岐路に立つ自由主義』ナカニシヤ出版、一九九九年
有賀誠・伊藤恭彦・松井暁編　『ポスト・リベラリズム』ナカニシヤ出版、二〇〇〇年
鈴村興太郎・後藤玲子　『アマルティア・セン』実教出版、二〇〇一年
後藤玲子　『正義の経済哲学』東洋経済新報社、二〇〇二年
W・キムリッカ、千葉真他訳　『現代政治理論』日本経済評論社、二〇〇二年

著者略歴

Amartya Sen（アマルティア・セン）

1933年インドのベンガル地方に生まれる。53年カルカッタ大学経済学部卒。59年ケンブリッジ大学トリニティ・カレッジで経済学博士号取得。ケンブリッジ、デリー、ロンドン・スクール・オブ・エコノミクス、オクスフォード、ハーバード各大学教授を経て、98年よりケンブリッジ大学トリニティ・カレッジ学長。98年度ノーベル経済学賞受賞。現在、ハーバード大学教授。

訳者略歴

細見 和志（ほそみ かずし）

1958年神戸生まれ。関西学院大学大学院文学研究科博士課程単位取得退学。哲学専攻。関西学院大学総合政策学部教授。

アイデンティティに先行する理性

2003年3月31日初版第一刷発行
2021年4月30日初版第五刷発行

著　者　アマルティア・セン
訳　者　細見和志

発行者　田村和彦
発行所　関西学院大学出版会
所在地　〒662-0891
　　　　兵庫県西宮市上ケ原一番町1-155
電　話　0798-53-7002

印　刷　協和印刷株式会社

Printed in Japan by Kwansei Gakuin University Press
ISBN 978-4-907654-44-3